Zur Zürcher Kassette

Inhalt

Zu dieser Ausgabe 3

Leseanweisung zu »Leviathan« 6

»Berechnungen III« 7

Erläuternde Notizen zu »Kaff auch Mare Crisium« . . . 18

Geplante Vorrede zu »Kaff« 22

Leseanweisung zu »Caliban über Setebos« 23

Widmungsgedichte 24

Zeittafel zur Entstehung der Werke 27

Zeichnung zu »Kosmas« 28

Zeichnung zu »Brand's Haide« 28

Zeichnung zur »Gelehrtenrepublik« 29

Nachweis der Erstveröffentlichungen. 29

Editionsplan der Werke 30

Editionsplan der Briefe. 30

Gesamtverzeichnis 31

Dieses Beiheft erscheint nur
zur »Zürcher Kassette«

Fotos Seiten 1 und 16/17 von Alice Schmidt
Umschlagfoto von Jan Philipp Reemtsma
1.–10. Tausend, März 1985
11.–20. Tausend, April 1985

Alle Rechte vorbehalten
Copyright © 1985 by
Arno Schmidt Stiftung Bargfeld
Mitarbeit: Thomas Schreiber
Produktion und Gestaltung:
Urs Jakob, Haffmans Verlag AG, Zürich
Gesamtherstellung: Zobrist & Hof AG, Liestal
ISBN 3 251 80000 0

ZU DIESER AUSGABE

Die »Zürcher Kassette – Das erzählerische Werk« ist die erste Gesamtausgabe, die dem Werk Arno Schmidts gewidmet ist. Sie soll das erzählerische Werk vor »Zettels Traum« einem breiten Publikum preiswert zugänglich machen und dient zugleich zur Vorbereitung späterer Werkausgaben.

Nicht nur das Werk Arno Schmidts weist gegenüber dem anderer zeitgenössischer Autoren Besonderheiten auf, sondern auch seine Verlagsgeschichte.

1949 erschien im Rowohlt Verlag der Band »Leviathan« mit den Erzählungen »Gadir oder Erkenne dich selbst«, »Leviathan oder Die beste der Welten«, »Enthymesis oder W.i.e.h.«; 1951 im selben Verlag »Brand's Haide«, enthaltend den titelgebenden Kurzroman und »Schwarze Spiegel«; 1953 folgte »Aus dem Leben eines Fauns«. Die letzten beiden Bücher wurden 1963 zu der Paperback-Trilogie »Nobodaddy's Kinder« zusammengefaßt, geordnet in der Folge der erzählten Zeit.

Die Zusammenarbeit mit dem Rowohlt Verlag endete 1953 – über die Ursachen des Bruches mit dem Verlag ist Arno Schmidts Darstellung der Vorgänge in seinem Brief vom Februar 1955 an Alfred Andersch aufschlußreich*. Jedenfalls waren bereits die Erzählungen »Die Umsiedler« und »Alexander oder Was ist die Wahrheit« nicht bei Rowohlt, sondern in der Reihe ‹studio frankfurt› erschienen. – Arno Schmidt war also ohne Hausverlag und seine nächste längere Erzählung »Seelandschaft mit Pocahontas« erschien in der von Andersch herausgegebenen Zeitschrift ‹Texte und Zeichen›. Dort erschien auch, als Arno Schmidt bereits einen neuen Verlag gefunden hatte, »Goethe und einer seiner Bewunderer« (1957), und im von Max Bense edierten ‹Augenblick› die Erzählung »Tina oder über die Unsterblichkeit« (1956).

Der »Historische Roman aus dem Jahre 1954«, »Das Steinerne Herz«, wurde 1956 im Stahlberg Verlag publiziert, desgleichen 1957 »Die Gelehrtenrepublik«, 1960 »Kaff auch Mare Crisium« und 1964 der Band »Kühe in Halbtrauer«, der 10 Erzählungen vereinigte. In weitere Sammelbände wurden auch neben vielen anderen Texten (Essays, Dialogen, kleineren Erzählungen) die »Umsiedler«, »Alexander«, »Seelandschaft«, »Goethe« und »Tina« aufgenommen, so daß die wichtigsten publizierten Arbeiten Schmidts nunmehr in der Hand eines Verlages waren.

Das Typoskriptbuch »Zettels Traum« erschien noch unter dem Namen Stahlberg, als dieser Verlag bereits von der Verlagsgruppe Georg von Holtzbrinck übernommen war, die ihn 1971 in den ebenfalls von dieser Gruppe

---

* vgl. »Arno Schmidt – Alfred Andersch, Briefwechsel«, Brief No. 43, Zürich: Sept. 1985.

gekauften S. Fischer Verlag eingliederte. In diesem erschienen dann die weiteren Typoskriptbände »Schule der Atheisten« und »Abend mit Goldrand«. – Die mit dem Stahlberg Verlag übernommenen Bücher Arno Schmidts vor »Zettels Traum« wurden, auch als S. Fischer die Rowohlt-Rechte erwarb, nicht neu aufgelegt, sondern nur in Taschenbuch-Auswahlen zweitverwertet.

Nach dem Tode Arno Schmidts im Jahre 1979 gründete seine Witwe und Erbin Alice Schmidt 1981 zusammen mit Jan Philipp Reemtsma die Arno Schmidt Stiftung, die den Nachlaß Arno Schmidts verwaltet und kontinuierlich ediert. – Am 16. 6. 1982 kündigte Alice Schmidt alle mit dem S. Fischer Verlag bestehenden Verträge aus wichtigem Grunde. Sie warf dem Verlag unter anderem mangelnde Pflege des Werkes, Vertragsverletzungen und fehlerhafte Abrechnungen zu Ungunsten des Autors vor. Im Dezember jenen Jahres erhob dann der Verlag Klage gegen die Wirksamkeit der Kündigung. Der Rechtsstreit, in dem sich jetzt S. Fischer und die Arno Schmidt Stiftung als Erbin der 1983 verstorbenen Alice Schmidt gegenüberstehen, dauert zur Zeit noch an. Ein schnelles Ende ist nicht abzusehen.

Die Rechte an den vor der Kündigung in den Verlagen Rowohlt, Stahlberg und S. Fischer in Buchform erschienenen Einzelwerken Arno Schmidts sind also umstritten. Weder der Verlag noch die Stiftung sind zur Zeit befugt, Neuauflagen dieser Werke in Einzelausgaben herauszugeben. – Nicht berührt vom Rechtsstreit ist die Gesamtausgabe der Werke Arno Schmidts.

Das Recht zur Publikation einer Gesamtausgabe bleibt, wird es nicht explizit übertragen, beim Autor und seinen Erben, in diesem Falle bei der Stiftung. Auf der Buchmesse 1984 wurde der Editions- und Publikationsplan einer Gesamtausgabe vorgelegt. Diese soll im Haffmans Verlag erscheinen, der bereits die ebenfalls vom Prozeß nicht betroffenen Nachlaßeditionen der Stiftung »Julia, oder die Gemälde«, »Dichtergespräche im Elysium«, »Arno Schmidts Handexemplar von Finnegans Wake by James Joyce« und die Sammelbände »Deutsches Elend« und »... denn 'wallflower' heißt ‹Goldlack›« verlegte.

Die Werkausgabe unterliegt allerdings einer rechtlichen Behinderung: es dürfen nur Werke in ihr erscheinen, deren Erstpublikation mindestens 20 Jahre zurückliegt, und sie darf nur in geschlossenen Werkgruppen verkauft werden. Der Editionsplan der Werkausgabe sieht daher folgende Werkgruppen vor:

- Romane / Erzählungen / Gedichte / Juvenilia
- Dialoge
- Essays und Biographisches
- Typoskripte

Diese letzte Werkgruppe kann wegen der erwähnten 20-Jahres-Frist erst 1995 erscheinen. – Der erste Band der ersten Gruppe (aus editorischen Gründen wird Band 2 der Ausgabe zuerst erscheinen) wird zwar etwa in Jahresfrist erhältlich sein, allerdings muß sich der Käufer verpflichten, die drei weiteren Bände dieser Gruppe ebenfalls zu erwerben; solche Einschränkungen der Entscheidungsfreiheit sind stets ärgerlich.

Aus diesem Grunde unterbreitete die Stiftung im September 1983 dem S. Fischer Verlag ein Verhandlungsangebot, auf das der Verlag im Februar 1984 reagierte. Angebot der Stiftung war, auf die Vertragskündigung zu verzichten und es dem Verlag zu gestatten, die alten Stahlberg-Bände neu aufzulegen (woran der Verlag nach über 10jähriger Abstinenz Interesse zeigte) und seine Taschenbuch-Auswahlen wieder auf den Markt zu bringen. Als Gegenleistung sollte der Verlag der Stiftung gestatten, die Werkausgabe in Einzelbänden, befreit von der 20-Jahres-Frist, herauszugeben. – Die Verhandlungen scheiterten, weil S. Fischer nur eine hochpreisige, nicht aber zusätzlich eine wohlfeile Studienausgabe der Gesammelten Werke Arno Schmidts zulassen wollte. Diese aber ist für die gemeinnützige Stiftung unverzichtbar.

Wie und wann immer der Rechtsstreit endgültig entschieden werden wird – bis zu seinem Ende gibt es zwei Leidtragende: das Werk Arno Schmidts und seine Leser. Und so wurde, je länger die Zeit währte, der verständliche Ruf laut, die vom Streit betroffenen Werke wieder zugänglich zu machen.

Die Arno Schmidt Stiftung legt nunmehr, vor Erscheinen der angekündigten großen Werkausgabe, die erste Werkgruppe mit dem Titel »Das erzählerische Werk« in Form einer preiswerten Taschenbuchkassette im Zürcher Haffmans Verlag vor. Diese Ausgabe richtet sich vor allem an die Leser, welche die hier versammelten Romane und Erzählungen Arno Schmidts bisher unvollständig, gar nicht, oder in unzureichenden Taschenbuchausgaben besaßen und das Erscheinen der großen Werkausgabe nicht abwarten wollen.

Die Zürcher Kassette »Das erzählerische Werk« unterscheidet sich von der 1986 mit Band 2 beginnenden Ausgabe »Romane / Erzählungen / Juvenilia / Gedichte« – der ersten Werkgruppe der großen Gesamtausgabe – in Folgendem : jene wird innerhalb von nach formalen Kriterien unterschiedenen Gruppen die Texte in ihrer zeitlichen Entstehungsfolge anordnen, wie dies einer Ausgabe, die eine spätere kritische vorbereiten soll, angemessen ist; die Zürcher Kassette bietet die für den Leser ebenfalls reizvolle Möglichkeit, die Texte in thematisch zusammenhängenden Gruppen zu ordnen, so zum Beispiel »Aus dem Leben eines Fauns«, »Brand's Haide« und »Schwarze Spiegel« in der Trilogie-Form des Bandes »Nobodaddy's Kinder«, die Erzählungen »Die Umsiedler« und »Seelandschaft mit Pocahontas« als die beiden, von Arno Schmidt selbst so genannten »Fotoalben«.

Die Zürcher Kassette enthält nicht die Jugendwerke Arno Schmidts sowie die in Büchern nicht erschienenen Gedichte und (bis auf zwei Ausnahmen) kleineren Erzählungen. Hier ist noch editorische Arbeit zu leisten. Ferner können für diese Ausgabe noch nicht die von der Stiftung Schritt für Schritt zu erarbeitenden Textvergleiche der früheren Ausgaben mit den Druckvorlagen des Autors zugrundegelegt werden. Sie folgt der jeweils zuletzt erschienenen Ausgabe.

Arno Schmidt Stiftung
Bargfeld, Frühlingsanfang 1985

LESEANWEISUNG

Entsetzen über (wirklich scheußliche!) Einbandzeichnung; Trost im Banderolentext, und der Voranzeige bei Jesus Sirach 24, 34–47. Dann:
Beim Blättern zufällig auf SS. 25–27 stoßen; zweimal sorgfältig einnehmen; sich gestehen, daß dergleichen noch nicht in deutscher Sprache vorhanden. Gedichte auf SS. 90/91 und 18 naschen; falls Zweifel auftauchen, diese mit Blick auf Banderole ersticken.
(Widerlicher Einband!: ob Autor wirklich schuldlos daran?! – Rasche Formulierungen finden, wie: »Traue nie einem Dichter!«, oder: so ähnlich. – Gesunde Überlegenheit fühlen.)
Titelerzählung (Nr. 2) als Erstes lesen, und trotz wachsender Empörung bis zum Ende; dann dessen letze zwei Worte realisieren. –
Vors Haus gehen: oh reine Luft und Himmelstuch mit Kiefernsäumen!
Tagsüber im Werk, zumal bei flachem Regenhimmel, sich wütend auf Gedanken ertappen: ob das Oben doch zu ist? Sofort tröstlich Paraazooxyzimtsäureäthylester murmeln: das hebt den Kopf!
Nach zwei Tagen mürrisch den Wisch wieder greifen, es waren immerhin Vierachtzig, und Nr. 1 lesen. Danach erbitterter Blick: an meinem Tisch hat der Gleissner gesessen! – Beim Essen überlegene Äußerungen: von ungesunden Naturen; Asphaltliteraten. (Flüchtig Hausverbot erwägen). Dann am besten gleich noch Nr. 3 draufsetzen; Blättern tuts völlig. Ratlos sorgfältig wieder in Schutzumschlag falten: Oh Vierachtzig und Wehmut!: na: einmal und nie wieder! Bösartig und listig lächeln: Vielleicht könnte mans der Schwiegermutter schicken; oder an Tante Emma?! Bei diesem Einfall wieder heiterer werden. – Auch Entschluß: nur noch Wiechert zu lesen. Abends im Bett Betrachtungen über Unterschied zwischen Idealem und Realem, anknüpfend an frühere Vorstellungen von deutschen Dichtern und nun Schmidt. – Abschließend zur Familie: wir grüßen nicht mehr!

‹Leseanweisung› vom 21. 10. 50 für Walther Sprenkmann, einen Cordingen-Benefelder Nachbar Arno Schmidts, der bei ihm ein Exemplar des »Leviathan« kaufte.

Banderolentext:
Die Erstausgabe des »Leviathan« mit den Erzählungen »Gadir«, »Leviathan« und »Enthymesis« trug auf einer Banderole die Aufschrift: »Hermann Hesse: ‹Ein wirklicher Dichter› – Radio Frankfurt: ‹Noch einmal: ein Genie!›«

Ss. 25–27:	in vorliegender Ausgabe Bd. 1, S. 43, *»Wie ein Hammer«* – S. 45, »Pytheas, Pytheas«
Ss. 90/91:	in vorliegender Ausgabe Bd. 1, S. 16
S. 18:	in vorliegender Ausgabe Bd. 1, S. 39

BERECHNUNGEN III

> *»Nicht ich, Ihr Atheniensier, bin*
> *da, von Euch zu lernen; sondern*
> *Ihr seid da, von mir zu lernen !«*

§ 1. »Mir ist eine nicht geringe anzal fererer unserer mutterschprache aus ferschidenen gechenden der Falz bekant, di ganz oder zum deile nach den recheln des grundrises schreiben.« : das ist diesmal nicht von mir; sondern stammt von einem Manne, der sich ebenfalls lange und sorgenvoll mit seinem Handwerkszeug, der deutschen Sprache, befaßte : von Klopstock.

Und sofort ins bedeutend Allgemeine : wenn ich sehe, wie er (oder etwa der sehr große Jean Paul gleichermaaßen) 500 Druckseiten lang die Notwendigkeit von Veränderungen und Neuerungen zu betonen nicht müde wurde; wenn ich andererseits sehe, wie eisern bei uns Duden die Stunde regiert, sklavisch umtanzt von einem Volk linguistischer Kastraten, Erstarrung und ringelreihendes Chinesentum ringsum, jeder Lektor oder Setzer wagt es, den selbstdenkenden Autor zu berichtigen – : dann ist es wieder einmal an der Zeit, den herrlichen Schopenhauerschen Fluch über sie Alle zu sprechen, Alle, vom Musjö Duden an, bis zum letzten Zauberlehrling :

»Über den Brockhaus und seine Tolldreistigkeit bin ich höchst aufgebracht ! Was ? ! Eine deutsche Academia della Crusca, bestehend aus Handwerksburschen ? ! Ist es mit der Schande deutscher Sprachverhunzung und liederlicher Interpunktion noch nicht weit genug gekommen ? ! Der unverschämte .... (wahrscheinlich ‹Scheißkerl› oder sonst ein Äquivalent. Anm. d. Verf.) denkt, die Firma da unten sei die Hauptsache, während sie ein Quark ist, danach ernsthafte Leser nicht sehen ! Daß ein Ladenmensch, ein Buchdrucker und seine schwarzen Myrmidonen aus dem Schmierloch, die deutsche Sprache regieren wollen, ist nicht nur ein Übelstand, sondern eine Infamie : ne sutor ultra crepidam !«

§ 2. Genug der einleitend=gewitternden Autoritäten : die Luft ist gereinigt; nachgewiesen ist, daß es sich weder um Originalitätssucht noch Effekthascherei handelt, sondern um die – nicht ‹Pflege› : das eben bleibt den stagnierenden Geistern überlassen ! – um die Weiterentwicklung, die notwendige Verfeinerung, des schriftstellerischen Handwerkszeuges. Ganze Völker entledigen sich unter unseren Augen des Urväterhausrats ihrer unbeholfenen Schnörkelschriften, etwa die Türken (und eben das wäre auch den Griechen zu empfehlen : anstatt in die NATO einzutreten, sollten sie lieber ihr Alfabet transkribieren. Gleichermaßen Chinesen, Inder – die aber vielleicht das Cyrillische vorziehen werden; Tu l'as voulu, John Bull ?) : da wollen doch auch wir zeigen, daß man, zumindest auf Teilgebieten, immer noch etwas von uns lernen kann. – Avanti ! :

§ 3. Ich beginne mit der Interpunktion. – Man kann damit stenografieren !
Wenn ich schreibe :
‹Sie sah herum : ?›
dann giebt (mit »ie« : ich hasse das dudeske »gibt« : so spricht auch heute noch
kein Mensch !) der *Doppelpunkt* das fragend geöffnete Gesicht, das *Fragezeichen*
die Torsion des hergewandten Körpers, das *Ganze* also »Die Frage« ebenso
gültig wieder – nein : weit besser ! : der Leser wird ja absichtlich nicht auf irgend
einen abgestandenen Wortsalat festgelegt, à la : ‹und fragte : »Was giebt's ?«› –
Ich lasse fragen : »Wo wohnen hier Thumann's ?« (Meinethalben mit einem
»Bitte« vorn oder hinten, Viele haben ja Zeit zu so was; *ich* muß 6 Jahre
einholen, die »Besten Jahre«, die mir der deutsche Staat stahl – dafür hab ich in
Schlesien Alles verloren; nich mal n Leierkasten und n Halsschild »Keine Rente«
war für mich übrig; aber ich hab ja auch n Hochberuf !). Und nun erfolgt die
Antwort des vor seiner Haustür lümmelnden Apothekers so :
: ». « – : »!« – : »! ! !«
Ich will's übersetzen (obwohl ich mir zusätzlich=albern dabei vorkomme) :
: »Geradeaus, rechts. « : »Nicht doch : immer auf der Seite da !« : »Zum
Teufel, nein : hundert Meter, und dann rennen Sie mit der Nase drauf ! ! !«
(Daß noch hinzugedacht wird : ‹Meingott, ist der behämmert; hau bloß
ab; die Sonne ist so schön; Typen giebt's schon; wie der durch die Linden-
schatten eiert; meine Ringelblumen sind eigentlich schön lachsig› : das
versteht sich ja vielleicht von selbst ! – Vielleicht; achgott, ich weiß es nicht;
es giebt ja wohl auch Leute, deren Gangliensystem nicht nach dem Autobahn-
prinzip gebaut ist. »Achherregott, achherregott : erbarm Dich doch des
Herren !«). –
In der »Seelandschaft mit Pocahontas«, auch ein schönes Stück, heißt es :
»Moorkanal : 1 Blatt versuchte ihn hinunter zu treiben.« :
Was meinen Sie, was ich für Diffikultäten mit dem Herrn Setzer hatte, ehe er
sich herbeiließ, die »1« *nicht* in »ein« auszusetzen ! ! Ich mußte aufstehen, und
von meiner kostbaren Zeit hergeben, ich, mit Myocardschädigung und Coronar-
insuffizienz, und erklären – ä=hemm :
»ein Blatt« : das wäre was Breites, Behäbiges, ein fetter Pächter; Ahorne
haben wir genug zu Hause ! Aber : ein »schwarzer Moorkanal« : das ist
schon ein bestürzend=magerer Strich in der flachen Landschaft. Und darauf
1 Blatt, das ihn hinuntertreibt – nein ! ! : das *versucht*, ihn hinunterzutreiben ! ! –
das *muß*, um der Magerkeit, der Trostlosigkeit, der optischen Erscheinung
willen, »1 Blatt« sein (vielleicht ein *Weiden*blatt, was weiß denn ich !).
Die »1« ist ja schon rein optisch viel strichhaft=überzeugender, als das
scheinbar vorgeschriebene »ein« ! Hier giebt's gar keinen Kompromiß !
(Ich schließe gleich ein Beispiel aus dem ‹Steinernen Herzen› an, obwohl es
mir blutsauer fällt : ich habe das Buch vor nun drei (oder besser »3«; denn es
waren drei magere Jahre !) Jahren geschrieben, und es kotzt mich an, wenn ich
etwas von mir in die Hand nehmen muß : wer Neues schreiben will, darf nichts

Altes lesen, zumal von sich nicht; aber ich opfere mich für Kommende. – Also im ‹Steinernen Herzen› heißt es einmal, daß Walter »2 Truhen« sah; anstatt »zwei« – : was ist der Unterschied ?

Ich will es ganz kurz sagen : »2« : da stehen die Truhen *hochkant*, und werden vom rechnenden Verstand nacheinander gezählt ! »Zwei« ? : da stehen sie flach, und bilden einen geduckten Block im flüchtig=vermanschenden Unterbewußtsein. (Noch besser wäre gewesen : II Truhen : also das römische Zahlenzeichen)). –

Die »Klammer« : ist die stilisierte Hohlhand, hinter der man additionell-Geheimes flüstert. Vielleicht wundert sich Mancher, warum bei mir zuweilen der Punkt *vor* der Klammer steht; zuweilen dahinter; zuweilen gar keiner : ich habe fast jedesmal meine Gründe (und bei einigem Überlegen könnte Jeder von selbst sie finden.) –

.... : nun also die sehr diffizile Frage von ‹Klammer und Punkt.› – Beachten Sie bei der Korrektur bitte ganz allgemein dieses : es muß – aus Gründen ! – fast immer so bleiben, wie ich es im Manuskript angegeben habe. Auch der Abstand des Punktes von der Klammer ist nicht ohne.

Ich will es Ihnen an einem Beispiel zu erklären versuchen : *S. 10, Zeile 12 v. u.*, scheint Ihnen »der Schlußpunkt überhaupt zu fehlen«. Sie haben sehr richtig gesehen : er scheint nicht nur zu fehlen, sondern er fehlt tatsächlich : aber mit Absicht ! /

Begründung : Der halbe Held steht also vor dem Verkäuferinnengesicht aus Kartoffelschalen; kauft, ganz auf der Suche nach Auskunfteien, eine Büchse Milch, spricht, hört, beobachtet, und kombiniert. Vermerkt in Klammern die putzigen Folkloritäten vom ‹tummern Enn›, gewiß, auch das ist interessant; ebenso die ‹strähnige Stimme›; ‹Frisöre› fallen ihm bei ‹strähnig› ein – Haarschneiden muß sich ja Jeder mal lassen; oder, falls er saufen sollte, die Gastwirte ..... all das geht also hinter jener Stirn vor sich; oder, noch präziser, zwischen den beinernen *Klammern* von Stirn= und Hinterkopfwölbung. Und da, auf einmal, (in der Gedankenwerkstatt rumort es immer noch) sieht er, sei es beim Verlassen des Geschäftes, sei es bei den ersten Schritten auf der Straße, ein *von außen kommendes* optisches Suggestivzeichen : »Halt ! ! : der Laden des Eisverkäufers !«. Damit setzt nun zwar eine *neue Bilderfolge* ein – also genau entsprechend der Theorie (und dem Leben) bei mir ein neues Kleinstkapitel ! – : aber der ‹Eisverkäufer› hängt organisch, als *dritter* Beruf, an den beiden vorher aufgezählten. Es ist *auch* ein Geschäftsmann; hat *auch* viele Kunden; müßte eigentlich *auch* alle Leute kennen : er gehört also logisch zu dem was vorher *in* dem durch die Klammern symbolisierten Schädel gedacht wurde ! Sein Wimpel befindet sich aber *außerhalb* dieser Schädelkammer : muß *er also auch außerhalb* der typografischen Klammer stehen ! Die Verbindung ist aber dennoch so eng, daß hinter der typografischen Klammer kein Punkt stehen *darf*. Das »Halt ! !« weht an die Klammer, genau so wie der blauweiße Wimpel ins Sensorium des Gehend=Denkenden. – Also *hier kein* Punkt ! –

9

§ 4. Im »Steinernen Herzen« kommt einmal das Zeichen ♯ vor (einmal : ich muß ja vorsichtig sein; ich wohne ja unter Konservativen=Konserven). Das heißt in der Musik »Erhöhung um einen halben Ton«. (Das Ausrufungszeichen brüllt gleich etwas zu grob !). Was hindert uns, die Zeichen für »Crescendo« und »Decrescendo« zu verwenden ? –

Ich lasse die Stadtbahn vorbeifahren »$\frac{gelb}{rot}$« : ich erklärte dem Setzer : »Wenn Sie, wie von Ihnen beabsichtigt, »gelb/rot« setzen : dann sind das zwei hintereinanderfahrende, verschiedenfarbige Wagen; bestenfalls einer, dessen hintere Hälfte gelb, die vordere rot ist.« Zugegeben. »Während bei *meiner* Schreibweise der typographische Versuch gemacht wird, die *horizontale* Halbierung der allbekannten berliner Stadtbahnwagen wiederzugeben.« Er, ganz intelligenter Handwerker, der Stand, den ich am meisten liebe, leuchtete auf; nickte; : 5 Minuten später kam er mit der Nonpareille-Lösung wieder : There's a good fellow ! !. –

Was wird man in »konservativen« Kreisen von »Mätzchen« röhren, wenn ich in meinem nächsten Buch einen Absatz also beginnen werde :

✘ Schröter : Harding . . . . ?

Dabei sehe ich gar nicht ein, weshalb ich das Kartenzeichen des (Wort=) Gefechtes *nicht* übernehmen dürfte ? ! Selbstverständlich darf dergleichen nicht ins Spielerische ausarten; aber ständig, täglich, wiederkehrende Vorgänge so kurz fixieren zu können, ist dem Schriftsteller unschätzbar !

Wie klug ist es, wenn der Spanier die Ausrufungs= und Fragezeichen schon am Anfang des betreffenden Satzes vorzeichnet ! Bei uns merkt man oft erst nach drei Zeilen, daß gebrüllt werden sollte (oder man muß eben vorher schon hinschreiben : »Er brüllte«).

§ 5. Auch mit den herkömmlichen Satzzeichen »instrumentiere« ich die Periode – nicht »nach Belieben« : *sondern, wie der Betreffende gesprochen hat* ! Ich gebe an, wie *er* die Pausen zögernd, überlegend, boshaft, setzte : *nicht,* wie Herr Duden, und wenn er zehnmal Geheimrat war !, es vorschreibt !

Unter diesem Gesichtspunkt ordnen sich etwa die »Pausen«, ihrer zunehmenden Länge nach, so ein : erst das Komma; dann das Semikolon; dann der Punkt; schließlich der Gedankenstrich (evtl. die . . . striche); auch ein Schrägstrich; zum Schluß der Absatz. Bewahren wir uns doch die schön=notwendige Freiheit, präzise ein Zögern so wiedergeben zu können :

»ja – h – : ichweißjanich – – : aber *dürfen* wir das denn . . . . «

(Anstatt des stur=vorgeschriebenen : »Ja, ich weiß ja nicht . . . « Aber lassen wir das : Bei Großherzogs spricht natürlich kein Mensch so, wie ich). –

Wie wäre es, wenn wir uns die *beiden* »und« angewöhnten ? ! : das normale; und das »&« für etwa »Thron & Altar«, also wo wir fix-kommerzielle, formelhaft=verhärtete, gegnerisch-lächerliche, Verbindungen ausdrücken wollen ? »Ich & Du«, (und CDU, und Müllers Esel : das bistú)

§ 6. Weiterhin : schprechen wir von etwas ganz Ernstem ! : es hat sich bei uns nun doch wohl endgültig der Brauch fixiert, in gewissen Fällen das »s« vor »p« und »t« wie »sch« auszusprechen (abweichende Fälle in Niedersachsen, wo man s-tur beim »st« beharrt; und, im Gegensatz dazu Schwaben, wo man, auf der Erkundigung nach dem Klo, erst die Gegenfrage erhält : »Ischt's ernschtlich ?«).

Es wäre doch wirklich an der Zeit, hier nun in Druck sowohl wie in Schrift ein neues Zeichen einzuführen, etwa dem Integral ähnlich, ein ∫ (und das gleichzeitig auch das unsagbar schwerfällige Ess=zeh=hah in *allen* Fällen ersetzen könnte !). Es handelt sich doch weißgott bei einem nun seit Jahrhunderten allgemein gebilligten Gebrauch nicht mehr um die Grille irgend eines einzelnen Autors : sondern : wir sind einfach zu faul, zu versteinert, um mit einer unläugbaren Entwicklung Schritt zu halten ! Nie werde ich dem zeitlich oder lokal begrenzten Slang bzw. Dialekt das Wort reden (obwohl auch sie zur Physiognomik eines Jahrdreißigst unerläßlich sind, und irgendwo fixiert, d. h. durch den Druck aufbewahrt werden, *müssen : ich* verwende sie gern – und empfehle es jedem anderen Schriftsteller gleichermaßen – weil sie das Fossilwerden des Sprachgefühls am besten verhindern !); aber es handelt sich hier, in solchen Großfällen, eben nicht darum, eine »Schlamperei« zu unterstützen, eine »schludrige Aussprache« zu sanktionieren, und wie die schnell=zurechtgelegten studienrätlichen Formeln alle lauten mögen – sondern ganz einfach darum : sich mit einem säkularen, in ganz bestimmter Richtung bewegenden, Prozeß abzufinden, oder präziser : ihn endlich in die Hand zu nehmen ! Eine Änderung ist mitnichten gleichbedeutend mit einer Verschlechterung, Verelendung : *Verfeinerung* wollen wir ! Die herrlich=exakte Abbildung auch unserer akustischen Realität : gegen die Herren, die immer stolz ihre linguistischen Zirbeldrüsen und Blinddärme vorweisen müssen, damit man ja nicht übersehe, daß sie vom lieben Vieh abstammen !

§ 7. Ich habe mir sagen lassen, daß die französische Sprache 8 verschiedene Schreibweisen für den einzigen Laut »o« aufzuweisen hat (ich kann da ins »Quinault« gehen, anstatt ins »Kino«). Aber Eines hat man jenseits des Rein's (was soll eigentlich das »h« im Flusse ? Können Sie's aussprechen ?) längst begriffen : lassen doch auch wir das gußeiserne »Th« und »Ph« in Fremdworten weg ! Es spricht sich doch nicht anders aus; und das superfeine Lächeln des »Gebildeten« müßte endlich aufhören, wenn der Bildhauer »Fidias« hieße, die Mond=»fasen« wechselten, beim »Foto« haben wir's ja selbst schon eingesehen; warum soll man bei »Ritmus« immer erst erneut im Wörterbuch nach den vorschriftsmäßigen zwei »h« suchen müssen ? Meinen Sie, daß *der* gebildeter sei, der für »Gott« auch noch »Dieu, God, Dios, Deus, Theos, Jahwe & Elohim« sagen kann, als der intelligente Arbeiter, der sich inzwischen 7 andere, weiterführende, Begriffe angeeignet hat ? Wenn wir soweit sein werden, daß das Phi= und Theta=Geprotze lächerliches Kastenkennzeichen sein wird – wenn es zusamt dem Ypsilon unfeierlich aus dem Tempel flog – : dann werden wir weiter sein, als jetzt ! Wenn heute einer ein Fremdwort falsch betont oder gar schreibt, dann ist er praktisch tot für unsere upper ten : man wird noch einmal die Bitterlinge solcher Saat ernten ! –

§ 8. Ich würde ja sogar das Pf=Geknalle abschaffen, das man nur mit absurder Anstrengung, falls von Ketzern wie mir gereizt, ausforzt :»Pferd« – : wer sagt denn nicht, in allen anderen ehrlichen Augenblicken, am schtillen Herd, in Winterszeit, erleichtert=menschlich »Ferd« dafür ?! Meint man denn durch Diktate die längst erfolgte Entwicklung der Sprache wieder rückläufig zu machen, à la »Mond stehe still . . . . .«? Ist ein Gerät desto besser, desto praktischer, je geschnörkelter es ist ? Wie oft kann man in amerikanischen Zeitungen schon 'to-nite' lesen ? (und es handelt sich hier gar nicht um die Berechtigung speziell solcher Vereinfachung, sondern um das Sichtbarwerden eines ortografischen Prinzips überhaupt : die Völker allesamt sind der Kaldaunenschlingen von Konsonanten müde ! Es geht ohne sie auch : *und noch besser ! !*

§ 9. *Und noch besser :* was ist denn die seit Jahrtausenden geübte Stenografie anders, als der entschlossene Versuch, rationellerschneller – obwohl mit gleicher Deutlichkeit ! – zu schreiben ?! Da verwendet man rigoros Kürzungen; läßt Buchstabenverdoppelungen rücksichtslos weg – : und es geht auch. Und wie ! –
Nun bin ich – vielleicht zur bedeutenden Verwunderung aller Leser ? – ein Gegner der Kleinschreibung. Die bei uns, gottlob, noch konsequent geübte Großschreibung der Substantive ermöglicht gegenüber den meisten anderen (dümmeren) Sprachen eine so rasche glückliche Orientierung im Satz, daß man, anstatt sie bei uns abzuschaffen, sie vielmehr bei den Andern einführen sollte ! (Außerdem giebt sie uns Schriftstellern Raum für manche, den Andern also unnachahmbare, aber durchaus notwendige Feinheiten ! : Ich schrieb einmal irgendwo :
... Wälder machten öde Ringe um die aschengrube Welt ...
: also »aschengrube« klein ! Und es wäre ein nicht unbedeutender Unterschied gewesen, wenn ich geschrieben hätt : »... die Aschengrube, Welt« : schon kommt die Pause, also ein Komma, dahinter : während ich so, bei dem adjektivierten Substantiv, ein Bündel von verschiedenen, aschgrauen, eier= und kartoffelschaligen Eigenschaften mit der »Welt« hohnvoll=flink koppeln konnte, würde, bei Großschreibung, erst eine mühevolle Verheiratung zweier großer, gleichberechtigter Begriffe notwendig; (von der partiellen Akzentverschiebung, auf »Aschengrube«, noch ganz zu schweigen !).
Aber die Stenografie *ist* schon ein heilsam=vorauseilendes Mittel, um uns in sprachlicher Beziehung quick und alert zu erhalten; ist letzten Endes ein ausgesprochenes Mißtrauensvotum gegen die unrettbar zurückfallende Langschrift.

12

§ 10. Ich bin also nichts weniger als ein »Revolutionär«; wohl aber sind »Die Andern« um Jahrhunderte zurück ! Mir wirft man hinsichtlich der Interpunktion »halsbrechende Akrobatik« vor (siehe meine Rechtfertigung oben) – schön : nenne *ich* meinerseits die Herren also »Epiker«; oder, noch boshafter, : »Hüter deutschen Erbes« ! Bihändige Anachronismen, die es binnen kurzem dahin gebracht haben werden, daß auch bei uns zwischen Sprache und Schrift die gleiche lächerliche Diskordanz aufgafft, wie im Englischen. Narren, die womöglich (oder, ich fürchte, bestimmt) noch den Verlust des Mittelhochdeutschen beklagen, des dröhnenden Gestammels von »Helleden lobbebären«; und die sich nicht einzugestehen wagen, daß diese Entwicklung weiter ging; daß wir heute praktisch nie mehr alle die schönen Endsilben der Verben auf »en« hören, à la »Das habönn wir nicht gesehönn« : dabei geht auch hier die Tendenz unaufhaltsam über zur handlichen Ein-, höchstens Zwei=Silbigkeit ! (Und welcher Vorteil wäre es nicht für den Übersetzer, zumal aus dem Englischen – ich kann diverse Liedlein davon singen ! – wenn schwimm(en), komm(en) einsilbig würden !). Es handelt sich doch gar nicht darum, der lebendigen Sprache grillenhaft voranzugehen : sondern ihr in – immer noch unbeholfenen ! – Hoppelsprüngen von je 50 und 50 Jahren nachzuhinken !

§ 11. Selbstverständlich ist es, daß der Schriftsteller, einmal des Zwanges ledig, leicht über das Ziel hinausschießt – der einleitende Satz ist ein putziges Beispiel. Aber auch gleichzeitig ein Beleg dafür : wenn man uns solche Freiheit nicht *giebt* : dann *nehmen* wir sie uns ! Denn sie ist nötig. Nötig, um die Sprache zu dem zu machen, was sie sein soll : werden wir nicht müde, die Realität immer besser und suggestiver abzubilden !

ERGÄNZUNGEN

§ .... In ständigen schweren Abwehrkämpfen begriffen : mit Verlegern, Lektoren, Setzern, Lesern (von Rezensenten zu schweigen : *denen* antworte ich gar nicht ! Ich habe also wohl zahllose Widersacher, aber keine Gegner : dazu gehörten ja immer 2, und der bin ich nicht) benütze ich ein paar freie Minuten – »frei«, das heißt : gefoltert und necessitiert vom jeweils nächsten Buch; gequält von oft zurückgewiesenen Brotarbeiten; mit vom ewigen verfluchten Übersetzen hornhäutig getippten Fingerspitzen : wenn ich ein Vierteljahr Engländer war, weiß ich, auch die anschließenden 4 Wochen noch, nicht mehr, was deutsche Worte wiegen – um Gutwilligen Einiges mehr von den neuen Prosaformen zu erklären.
Viererlei wird es diesmal sein :

1.) Die Kleinkapitel; das Band ihrer Absorptionsspektren; die Initialzündung des herausgezogenen kursiven Titels.

2.) Beispiel eines Kommentars, sowie Erläuterung der beabsichtigten Assoziationen.

3.) Einiges zur Schreibweise und Interpunktion.

4.) Orthographie und Verwandtes.

§ . . . . . Und zuerst Beispielebeispielebeispiele : wer nicht hören will, muß fühlen ! (Und man vergebe mir, daß ich ausschließlich mich selbst zitiere : ich finde sonst Niemanden, der hier *keine* schiefgelatschten Schuhe trüge !) – : Die Anfangszeilen der Kleinkapitel müssen vorgezogen sein (mindestens 3 Anschläge !), und kursiv dazu : weil sie einmal den »Anlauf« (zum Sprung) der – sorgfältig auf Schockwirkung hin ausgesuchten ! – einleitenden Worte fühlbar machen sollen. Den »Stich«, der der Injektion vorausgeht. Zum anderen kann man, ohne überhaupt eine Zeile zu lesen, bei solcher Anordnung sogleich auf rein optischem Wege das *Tempo* erkennen ! : Man mache sich den Spaß, und drehe das Buch einfach um ! : dann unterscheidet man mühelos die »faule« Seite 134 des »Faun« (wo man im Büro schläft), von der blitzschnellen, flashhand-report=Schilderung der großen Explosion Seite 154, wo sich jeden Augenblick, von allen Seiten her, etwas entsetzlich Neues ereignet – : nennen Sie mir ein anderes Buch, bei dem dergleichen Einsicht in den »Gang« der Handlung möglich ist, ohne auch nur eine Zeile zu lesen ! ! (Ich könnte Ihnen ein Dutzend solcher Bücher herzählen : nämlich *meine* : vom alten, noch unvollkommenen Leviathan angefangen, bis zur Gelehrtenrepublik : wohl bekomms !).
Gleich weiterhin : *was* wird solchermaaßen vorgezogen=unterstrichen ? – : Ich schlage (es ist wirklich vollkommen egal; die Sachen sind bewußt durch-gearbeitet) im Steinernen Herzen die beliebige Seite 116 auf; da fängt eins an
    Den Liegestuhl stellte ich mir . . . . .
Ich mache das ja schließlich nicht grillenhaft und ohne Grund ! Ein »Liegestuhl« : da habe ich das verwickelte Gestänge eben in der Hand, und falte es, das im Augenblick beschäftigendste, alles andere spinnenbeinig wegtretende Objekt, vor mich, schräg nach unten, hin. *Das* also ist in diesem Augenblick das dem Handelnden (und das kommt von »Hand« : er »handhabt« das Ding !) räumlich Nächste und Wichtigste; der Rasen scheint nur hindurch=darunter gesehen. Die Absicht ist : der Leser soll sich ebenfalls in diesen betonten »Liegestuhl« genau so verwickeln, wie ich es getan habe; und wie es zur Situation erforderlich ist.
Sofort das nächste : man soll mich nicht beschuldigen können, ich »frisierte« meine Beispiele : *ich* habe das nicht nötig; höchstens meine o. a. Widersacher ! – – :
    Ein Astsystem schrieb hebräisch vor die Mondwolke . . . . . .
Er, der Eggers, hat also, von irgend einem hellen Himmelsfleck optisch genot-züchtigt, den Kopf dorthin wenden müssen : und »das Astsystem« war zunächst das scharf=schwärzest Erkennbare. – Daß es dann

2.) hebräisch, auf
3.) die Mondwolke schreibt,
ist sekundäre, bzw. tertiäre Assoziation : die *erste Blindpressung aber ins Gedächtnis*
gibt das von mir deshalb ausdrücklich unterstrichene Astsystem !

§ .... ((Ich werde ein zweites Mal meine Bücher nicht mehr durcharbeiten :
das Erlebnis ist zu furchtbar, und stört die Entstehung neuer Dinge in un-
berechenbarer Weise – wenn ich mich in meiner entsagungsvollen Arbeit als
dadurch um 1 weiteren Monat zurückgeworfen bezeichne, so ist das milde ausgedrückt !

§ ..... Nach welchem Gesetz folgen die Kleinkapitel aufeinander ? ‹Brand's
Haide›, Seite 116; da beginnt das erste der drei :
   Bißchen draußen .... :
ist Angabe des *Ortes,* eingeschränkt durch das demütig=faule »Bißchen« :
   rundrückiges Wolkenvieh mästete sich am Horizont, im Norden .....
Also schwere=wiederkäuende Wolken, langsambewegliche – man ersieht
gleichzeitig daraus, daß der Held, erst einmal nach Norden sah –
   (Nö : eigentlich rundum).
Also hat er sich wohl auf dem Absatz gedreht und gesehen, : überall die gleichen
Wind= und Lufterscheinungen. / Dann fragt Grete, neben ihm, zaghaft, (auch
schamvoll : *»Er«* ist ja krank !), ob sie heute abend gehen können ? : Holz holen ? :
»In der Dämmerung, ja ?«.
((Ja, und was »passiert« nun in der Zwischenzeit ? : Nichtswürdig=Langminu-
tiges ! Ob man da nun Nicht=Probehaltiges quatscht; sich am Hintern kratzt;
die Farben der abgewetzten Hauswand mit dem dito Himmel vergleicht : das
ist alles Wasser; zeilenschindendes vornehmes Gewäsch, was nicht bleibt, und
»dehydriert« werden muß ! Wenn das erwähnte erste Kapitel mit der Frage
endete : »Dämmerung, ja ?« – : Dann beginnt eben das nächste mit der
Bestätigung :
   »Dämmerung ! : Ja !«
Was dazwischen liegt, an Umziehen=Anziehen, einen zerrissenen Sack her-
klauben, den Zahnschmerzen nachhängen : *das spielt doch Alles keine Rolle* ! !
Oder, anders formuliert : *Wasser* hat jeder Leser überreichlich genug : das brauche
doch *ich* nicht noch zusätzlich in meinen Wortbrei zu rühren ! ! (Woraus sich
allerdings auch ergibt, daß das ‹Steinerne Herz› eigentlich ein Roman von 1200
Seiten ist, dem ‹Tom Jones› vergleichbar : Ich bins zufrieden !).

ERLÄUTERNDE NOTIZEN
ZU »KAFF AUCH MARE CRISIUM« :

1.) *Zum Thema : Mahnung* daran, daß Uns=Allen demnächst eine *Reduzierung von Kultur & Zivilisation* zumindest ‹droht› : *Hoffnung,* daß man, bei Anwendung des bekannten ‹Minimums von Weisheit› wenigstens große Stücke der *Kultur* wird retten können. / Demonstriert

a)   am Plan einer ‹*Umsiedlung aufs Dorf*›. – Hier durch eine ‹Peinlich sorgfältige Vulgarität› (Joyce) zeitgenössisches Kleinmaterial, (‹Privataltertümer›), von Ende Okt. 1959 fixiert; also 1 Mikro-Siedlung in Nord-Deutschland, mit Bewohnern, deren Belustigungen, deren Landschaft. – Hier die relativ freiwillige, leidlich geistvolle, ‹gesunde› ‹Konzentration› der Kultur, durch eine ‹Verkleinerung der Oberfläche›, (wodurch der Innenraum ja nur konzentrierter wird) : *Komprimierung;* das ist's ! – Obwohl natürlich, da mit den völlig anzureichenden Mitteln 1 Privatmanns unternommen, von vornherein zur Unzulänglichkeit verurteilt; die jedoch ironisch-tapfer ertragen werden muß : wie denn überhaupt 1 der Moralen, in E I wie E II, des Stückes ist, daß die meisten Chancen zum Überleben der geistreiche Scurra habe : NARR PLUS FUCHS !

b)   an der weit grausameren – obschon viel wahrscheinlicheren – zwangsläufigen ‹*Schrumpfung*› beider, (der Kultur wie der Zivilisation), auf einem ‹*Mond ohne Nachschub*›. – Hier zugleich das Mißtrauen ausgedrückt, in die Geeignetheit der ‹Westlichen Freiheit› ein solches Problem, wie die Besiedelung des Planetensystems zu bewältigen : vermutlich wird die ‹Russische Methode›, d. h. die auf dem Prinzip der ‹Aufklärung›, (im Sinne des bisher nicht ausgewerteten 18. Jahrhunderts), beruhende, hier weit erfolgreicher sein. –

2.) *Zur Einzelerfindung :* Wie in E I die Denk-, ja Ausdrucks= und Sprech=Weisen zweier deutscher Provinzen konfrontiert werden – ich wählte, wie schon einmal, in kleinerem Maßstabe, im STEINHERZ, die beiden mir geläufigen, Niedersachsen & Schlesien – so ein E II Russen= und Amerikaner=Tum. (Wobei sich übrigens ergiebt, daß die ‹Parallelen› ganz anders laufen, wie geo= und ethno=grafisch zu vermuten : es ergeben sich vielmehr die ‹Gleichungen› Russen=Niedersachsen und Schlesier=Amerikaner – der ‹Grund› sind übrigens in diesem speziellen Fall die Frauengestalten.) / (Hier, bei ‹Frauen› gleich noch der Hinweis auf die ‹heimlichen Matriarchate› : TH ausgesprochene MAGNA MATER; (ihre ‹Spiegelung› oben Jennie Rowland, bzw. ‹Jadwiga› : aus der, in typisch männlicher, *unbewußter,* Auflehnung, dann ‹Oberleder› gemacht wird). Allgemein dargestellt : der Sexualterror der Frauen.) / Als kurioses Beispiel einer ‹gelenkten Umsied-

lung› der Exkurs über Silberschlag & die Arche Noah eingeblendet – dies auch
der Weg=Abzweigungen, um im Leser ‹kosmisches Denken› anzuregen; und
Wendungen zu suggerieren, die nachher, ‹oben›, in E II, gespiegelt wieder-
erscheinen. / Die ‹Zeitlosigkeit› – obwohl ich das Wort nicht schätze – auch zu
erzielen gesucht, durch eine Aufhebung der historischen Isolierung der alten
großen Epen : sowohl das »Nibelungenlied« als auch der »Cid« weniger
parodiert, (obwohl auch das sattsam & boshaft !), als vielmehr *modern kenntlich*
gemacht. (Wie es, z. B. Joyce mit den Episoden der »Odyssee« sehr ausführlich
tat – während es hier nur sehr knapp geschieht, zum weiter-ähnlichen Selbstspiel
anregend.) Außerdem auch hier wieder die – übrigens überall versteckte –
Drohung : daß wir bald wieder auf dieser halbbarbarischen Stufe angelangt sein
werden : die Zeit, wo man über 1 Schnupftuch ein Epos schreibt. / Usw. usw.

3.) *Zur Verbindung von E I und E II :* bei genauer Lektüre ergeben sich zahllose
‹Fäden›, die von oben nach unten gehen, und umgekehrt : eines regt das andere
an; das Gerümpel der Unterwelt, das der oberen. Alles spiegelt sich : das
Käuzchen, das ums Haus fliegt, überblendet sich mit dem Bild einer irdisch=
weißen, lautlos den ‹Bräutigam› umflatternden Frau – und ‹endet oben› in den
Riesen=Schneeulen, die den russischen Lagerkrater sibirisch=streng bewachen.
Usw. usw. – Wichtiger zur speziellen Beurteilung der beiden Ebenen, und ihres
Verhältnisses zu einander noch diese Betrachtung :
in meinen Berechnungen II habe ich eine Unterteilung der ‹Spiele› in 3 Typen
nach der *Qualität* vorgenommen – also den theoretisch ergiebigsten Stand-
punkt. Ich hätte sie auch, ohne weiteres, klassifizieren können, nach dem
Gesichtspunkte der ‹Fruchtbarkeit› – d. h. ob ein Gedankenspiel nur ‹subjektiv›
fruchtbar› bleibt (als ‹Trösteinsamkeit›); oder aber, ob es auch ‹objektiv folgen-
reich› wird : *hier die Verwandtschaft (und Vorstufe) zu schöpferischen Prozessen.*
(Nicht nur künstlerischen : auch politische Utopisten dürften ihr ‹vorhergehen-
des› Gedankenspiel haben – und wie !).
Ergo wählte ich hier – wo es sich ja *nicht* um 1 *äußerst* dringendes Spiel ‹zum
Überleben› handelt – den Ausweg : daß zwar die ‹Erarbeitung› von E II durchaus
durch das irdische Pärchen geschieht; weit überwiegend jedoch durch *ihn.*
(Schon um ihm, dem Manne, die ihm zukommende ‹Waffe› im ‹Kampf der
Geschlechter› zu lassen). Und wenn auch Alles – aber schon schlechthin Alles !
– aufs sensibelste, aufs unlogisch=kausalste, an die Ereignisse in E I geknüpft ist;
so war doch eines meiner Bestreben, gleichzeitig den schriftstellerischen ‹Schöp-
fungsakt› zu verdeutlichen : die ‹Wahl› der Motive, à la ‹trial und error›; die
sorgfältige Wiedergabe dessen ‹wie es Ende Okt. 1959 in einem bundesdeutschen
Kopfe zu=ging›, gekoppelt und beeinflußt – es liegt ja ein ausgesprochener,
witziger Fall von ‹Mondsüchtigkeit› vor – diesmal speziell durch die Rolle des
Mondes; und die Fülle der Metafern für seinen Schein, und sein Treiben.
(Obwohl diese Fülle, in Anbetracht des Themas, durchaus ‹organisch› wirkt).
Entsprechend der ‹geringeren Wichtigkeit› dieses gewählten Typs von Gedan-

kenspiel, am Ende das relativ rasche ‹Zusammenbrechen›, als nun die sehr bedeutsamen Anforderungen von E I sich davorschieben : obwohl die Entscheidung ja ‹eigentlich› nur eine Fortsetzung des Mondspiels auf ‹anderer Ebene› ergeben würde; das Gedankenspiel also als ‹Auseinandersetzung› mit dem zu fassenden Entschluß ‹unschätzbar› war; und vieles ‹vorbereitet› hat.

4.) *Die Orthografie :* eine skurrile Auflockerung des leserischen Denkens=Fühlens, (wie sie hier erforderlich ist), der entscheidende ‹Zusatz an Freiheit› kann, meines Erachtens, nicht von der *Syntax* herkommen – wie die Vertreter der sogenannten ‹Konkreten Prosa› meinen – sondern, zumindest zunächst=einmal, weit wirksamer, von der *Orthografie* her. (Dies z. B. auch die Meinung Joyce's in FINNEGANS WAKE; obwohl dort ‹übertrieben›, und vor allem ins – mir immer prekäre=gnostisch=mythische, ja mystische, gewendet. Und auch viel zu hohe Ansprüche an den Leser stellend; ich habe 1 einfacheres ‹Anfangsstadium›, obwohl derselben Entwicklungsreihe, vorgezogen). / Die fonetisch=geschriebene ‹Schprech=Schprache› ist absichtlich un=einheitlich gehalten – derselbe Mensch *kann* ja nicht nur sagen, sondern *tut* es auch, je nach Stimmung oder beabsichtigter Wirkung (Also Umgebung), vornehm :»Ich *pflege* zu wissen, was ich tue.«; oder aber, lose=heruntergestimmt :»... wie Wintbeutel *fleegn.*« Solche Veränderung der Schreibweise hält sich jedoch (und bewußt) genau in den Möglichkeitsgrenzen der *Aussprache.* Wodurch nicht nur sichtbar wird : wie sehr etwa unsere ‹Duden›-Schrift nach einerseits Vereinfachung, andererseits nach Freiheit des Schreibenden geradezu *schreit;* sondern auch zahlreiche Assoziationen sichtbar gemacht werden; (im vorliegenden Falle freilich absichtlich meist ironischer Art.)

1 Beispiel : ‹Kultur› – durch die bloße Hinzufügung 1 Buchstabens ‹Kultuhr› wirkt sie schon ‹verschrieben›. In schlechter Laune ist die ‹Kull=Tour›, (wodurch ja dann im Leser die Begriffe des ‹kullerns=kegelns› und der ‹faulen Tour›, der ‹Masche› geweckt werden.) Auch ‹Cul=Tour› ist möglich : aha : ‹Cul de Paris› ! Dennoch bleibt in allen Fällen die *Aussprache* der Kultur. Andere Beispiele für Assoziationen : auf einem Küchenheerd ‹rumohren› die Töpfe und Pfannen. Die Bayerische ISETTA mahnt an die Faß=zieh=Nation der Technik.

Aber, ganz abgesehen von solchen skurrilen Witzen – wobei manchmal, absichtlich, bis zum ‹Kalauer› gegangen wurde – soll, ganz allgemein, eine *‹Verfremdung durch labile, nur fonetisch=korrekte, Schreibweise›* angestrebt werden. – So wie (besonders Kinder neigen wohltuend dazu – ich erinnere mich, wie ich einmal, in Hamburg, allein in der Küche saß, und mir kopfschüttelnd das Wort ‹Teller› solange wiederholte, bis sich eine Art akustischer Selbst=Hypnose einstellte, der eine völlige Dissoziation zwischen Gegenstand und Buchstaben=geperle voraufging) es natürlich jeden Leser ‹frappieren› wird (1. Stadium), dann ‹grienend schockieren› (2. Stadium) dann ‹unwillig=nachdenklich machen› (3. Stadium), dann – vielleicht – veranlassen, selbst die Buchstaben derart kurios=kreuzweghaft zusammenzutreiben (4. Stadium), wenn er liest :»Na, wie schteez ?« – dann öffnet sich hier die Kluft zwischen Sprechen=Vorlesen einer- und Lesen=Schreiben andererseits.

Dabei – und dies ist einer der nicht selten angewandten Tricks – kann solche, ja nur scheinbar willkürliche Schreibung weitweit ‹korrekter› sein, als die üblich= steifhosige. (Beispiel : wenn in 1 *Nicken* – also einer, an sich *bejahenden* Kopfgestik – doch eine ‹*Negation*› verborgen liegt, eine Kritik, oder auch nur ein Un=Überzeugtsein; dann ‹rechtfertigt› sich Folgendes nicht nur, sondern ist sogar ‹besser› – : »Hälst Du mich für doof ? – Du *nixt* ?«. Eben, weil dadurch *Beides* erfaßt wird : *akustisch* das Nicken; und *optisch* das verneinende ‹nix›. Usw. Usw.

(Ausdrücklich bemerkt sei noch, daß zu Anfang noch eine leidlich zivile, dudenähnliche, Schreibweise beibehalten ist – Beispiel etwa das leitmotivhaft=kulturpessimistische ‹Nichts Niemand Nirgends Nie›; das, je nach ‹Beleuchtung ! sehr wexeln kann – gegen das Ende hin jedoch, nach erfolgter Eingewöhnung des Lesers, das Getreibe immer labil=vieldeutiger wird.)

Weiterer Hinweis : auch das – bei uns, in der Bundesrepublik, fast allzu geläufige *Englische* wird mit in den Dienst solch ‹verfremdenden Un=Recht=Schreibung› gestellt : ich erinnere nur an ‹Kriemhild=Cream hilled›; oder die prachtvolle sprachliche ‹Parallelstraße› vom ‹Kalten Krieg=Calton Creek›

E I u. E II : In seinen »Berechnungen II« definiert Schmidt das ‹Längere Gedankenspiel› (= LG) als bestehend aus der »objektiven Realität« (= E I, Erlebnisebene 1) und der »subjektiven Realität« (= E II, Erlebnisebene 2) des Gedankenspielers. – Die »Berechnungen I u. II« werden in die um 1990 erscheinende Werkgruppe III der Werkausgabe aufgenommen werden.

AUS DEM ENTWURF EINER NICHT AUSGEFÜHRTEN
VORREDE ZU »KAFF AUCH MARE CRISIUM«

Zögernder Käufer !

Nimm, zugleich mit meinem Gruß, die Versicherung entgegen, daß keine der Gestalten frei erfunden, keine der Situationen erkünstelt, keine der Landschaften ‹erdacht› ist – was natürlich besonders für die Lokalitäten im Monde gilt.

Selbstverständlich habe ich mir die Freiheit genommen, die Namen zu ändern; aus 3 Personen 1 zu machen (auch umgekehrt : aus mir 2½); Nasen auszuwechseln & andere, perfidere, Ohren anzusetzen; auch verschmähte ich die Feinheit nicht, meine Gegner lauter Unsinn reden zu lassen. Dennoch darfst Du, immer noch zögernder Käufer, auf das Ehrenwort eines Mannes (dessen Glaubwürdigkeit seit seiner Reportage aus der GELEHRTENREPUBLIK selbst in Germanistenkreisen über jeden Zweifel erhaben ist) es entgegennehmen : im ganzen Buche findet sich nicht 1 Äußerung, die ich nicht entweder vernommen oder getan; nicht 1 Geruch, den ich nicht eingesogen oder von mir gegeben; nicht 1 Gegenstand, den nicht Andere oder ich selbst in der Hand gehabt hätten.

(...)

(Solltestu Zweifel an der Möglichkeit hegen, daß es im Gehirn irgend 1 Menschen seit Erschaffung der Welt jemals derartig zugegangen sei, so steht es Dir frei, Dich brieflich (aber kurz, bitte !) bei meiner Frau zu erkundigen; obwohl ich ausdrücklich hervorheben möchte, daß für den ‹Kardl› des Buches die o.a. halbe Portion unschwer ausgereicht hat : nicht die Hämorhoide allein macht den Gelehrten !)

Die beiden Schauplätze der Ereignisse wurden in den Jahren 1955 – 58 mehrfach, von Darmstadt aus, von mir besucht. Der irdische ist 1 unscheinbares Dörfchen der Lüneburger Heide, nördlich der Donau, westlich des Hamme=Oste=Kanals; er wurde, was Gebäude, Fauna & Flora angeht, das Notizbuch in der Linken, mit jener Genauigkeit ‹aufgenommen›, wie sie dem Verfasser eines FOUQUÉ wohl ansteht – nasenhafte Zweifler seien auf die Jugend jener Ortschaft verwiesen, die mich bereits am 2. Tage, unter dem rezitativisch=unermüdlichen Ruf : »Däi schrieft Aallns op.«, streckenweise geleitete.

(...)

Fouqué : Arno Schmidts Biographie »Fouqué und einige seiner Zeitgenossen« wird um 1990 in der Werkgruppe III »Essays und Biographisches« erscheinen.

AUS ZWEI BRIEFEN ARNO SCHMIDTS
AN SEINEN VERLEGER ERNST KRAWEHL

8.1.64 :

(...)

zum ‹ORFEUS› (...) Also

1) Schärfen Sie dem (bedauernswerten; aber es steht nicht zu ändern) Setzer ein : *nie* anzunehmen, daß ich mich verschrieben haben könnte ! Er soll das volle Opfer des Intellekts bringen; (im stillen für meschugge halten darf er mich immer) : wenn ich statt ‹drollig› ein ‹drolli*ng*› setze, dann ist mit nichten der Suff oder meine ADLER mit mir durchgegangen; sondern es handelt sich um den Maler KASPAR DROLLING, der auch einen ‹O› gemalt hat. (...)

2) Da ich nun aber keineswegs aus Leibeskräften unverständlich sein möchte, erwäge ich tatsächlich dringend : ob wir nicht, in ganz lütter Type, einige Hundert Zahlen an den Außenrand setzen sollten ? Um alle Anspielungen auf das LII – in diesem Falle eben den ‹O› – die ich bewußt eingearbeitet habe, zu bezeichnen. / Ganz abgesehen davon, daß eine sinnvollste Schnurre dieser Art noch nicht dagewesen ist, wird sich Jeder sagen : ER rast zwar notorisch; aber sein Wahnsinn hat immer Methode : ergo liegt hier irgendetwas verborgen ! ‹WAS ?› – das sei Weisen wie Toren überlassen; (und selbst, wer das Stich= & Zündwort vom ‹ORFEUS› wüßte, möchte ungeahnte Schwierigkeiten antreffen, zu jeder der viel=Hundert Zahlen die entsprechende Allusion zu erkennen !). / Zu diesem Zweck schlage ich weiterhin vor, den ‹LI›=Titel auf ‹CüS› zu reduzieren – Sie erinnern sich bestimmt, welch entzückendes jahrzehntelanges Rätselraten seinerzeit das ‹oder W.i.e.h.› veranlaßt hat; aber mein eigentlicher Grund für solche Reduzierung wäre gar keine Lust an der Mystifikation des Lesers; sondern, im Gegenteil, der Wunsch, die zur Zeit bestehende Überbetonung von LI organisch zu reduzieren : das Stück wird dadurch un=eindeutiger. (...)

29.1.64 :

(...) ich hab' mir's inzwischen auch überlegt : lassen wir die närrischen Randzahlen beim SETEBOS weg. Und auch Prospekt=Hinweise auf etwaige ‹mythische Unterströmungen› würde ich sagen, verkneifen wir uns nach Kräften : Scheißmythos ! Die Leute soll'n sich ammüsiern. (...)

‹ORFEUS› : Arbeitstitel für »Caliban über Setebos«
LI und *LII* : Lesemodell 1 und 2; vgl. Schmidts »Sitara und der Weg dorthin«, S.212 – 215
W.i.e.h. : Der Untertitel zu »Enthymesis« wurde in Arno Schmidts Dialog über Johann Karl Wezel »Belphegor oder Wie ich euch hasse« wieder aufgenommen.

WIDMUNGSGEDICHTE

BRAND'S HAIDE

Der goldgetränkte Himmel über mir
und das mänadische Gesöff in mir. –
Denn man zünde seine Kerze an beiden Enden an,
und werfe eine Handvoll Salz in den Wasserkrug,
oder steige früh um 4 in unbekannten Mietshäusern:
so ist das Leben!
Nachts schlitzen goldene Messer im Himmel;
Regen trabt, trollt, trabt. Dann wieder:
Maschensilber der Gestirne;
hakiger Mond verfangen im nachlässig hängenden.
Gegen 5 johlt der Zug durch Cordingen.
(Amtlich Bemützte und schwenken die Schranken.)
(Wenn Sprenkmann Bücher nimmt, rechts wieder Wochen.)
Verbreitet am Morgen Brandmale der Wolken:
wieder versah sich der Äther am Irdenen. Oder auch:
riemenschmal in olivne Himmelshaut gepeitscht.
Rauch beginnt krautig und wachsgelb: aus jenem Dach!
Der Mond erscheint ernst und blechern
in Gestalt eines Menschenauges
im Kalkblauen über Stellichte. Schwarzweiße Kühe.
Wir
hantieren nach Beeren und Pilzen im dampfenden Wald,
Champignonweg, Täublingslichtung, Kleinhaide, Ostermoor:
»Wollen wir noch bis zur Schneise gehen,
Alice?«

SCHWARZE SPIEGEL

Ja: übernächtigt!
Im hohlen Hausmund
hing alles voll grauer Weiber;
renkten an Fensterkreuzen; eine kam mit
über alle Treppen, geschwänzten Ganges.
Weiterarbeiten. Das Dachfenster;
der fahle gefurchte Morgen; nachher die Sonne
strömte aus grauen Wolkenschluchten,
wäßrig durch Bleiernes.
Wissen Sie: dieses Buch ist für
Werner Murawski;
geboren den 29.11.1924
in Wiesa bei Greiffenberg am Gebirge;
gefallen am 17.11.43 vor Smolensk;
wie unschwer zu errechnen
noch nicht 19 Jahr alt. Und er
der einzig Bruder meiner Frau,
der Letzte,
mit dem zusammen ich jung war: Oh:
auf der Flußscheib entstand
Schwatz und Gelächter; Himmel mit Wolken beschrieben;
zart prahlte Schlagergesang aus dem treibenden Boot.
Heimweg: Señor Abendwind; hinten der spitze Mond,
und wir 3 umeinander: Du ach, Alice und ich –
Siebenundzwanzig wäre er heute. –
Und bereits wieder schwatzt jede Parte
von gemeiner Wehrpflicht : Was??!! – Kammerknechte;
Kobold und Eule;
was krallt ihr die Pocher nicht fort;
Werner schläft.

DIE UMSIEDLER

1. Der Wolken Irregang.
   Grauhaarige Gärten, Sehnige Straßengewinde.
   Häuser. Entlang.
   (Der Daumen friert mir an der Hand).

2. Worte dommeln
   im Röhricht meines Hirns; Danken fliegen auf,
   manchmal ganze Ketten epi dia skop:

3. Im Garten: rannten alle Blätter
   wild durcheinander; Zweige wichen hastig
   Unsichtbarem aus; Äste schaukelten und knurrten;
   dann kams an mich und stemmte an meiner Brust,
   segelte im Mantel und machte mirs Haar lebendig.
   (Der braune Leichnam
   klebte lange und traurig beim Handrücken;
   die Wolke preßte sich am Dach und
   Düsterwasser
   schlenkerte wild draus her.
   Gedankenspiel unter Büschen, mürrisch, außer den Wegen.)

4. Der Nebelbach
   glitt über die Bodenwelle,
   hatte mich erreicht, rann ums Tannenufer,
   und zerging in einen streifigen Teich (der noch lange
   federgraute und verbebte).
   Hagerer Mond fror
   in unzureichendem Gewölk, ging auch bald wieder,
   krumm; aus altem Löschpapier gestanzt. Der Nebelteich
   füllte sich mehr und stieg,
   kam durchs schlafe Gras und hob.
   In Floßschuhen.
   Windgelall im Wald. Kalt. Die
   Büsche mümmelten blattlos,
   und fochten miteinander; unter schlappen Wolken.

5. Eulen
   pfiffen sich altklug,
   und dann ihr stoßendes Gelächter.

6. Der blaue Wolkenflamberg
   hatte den Mond zerspellt
   in zwei leichige Stücke. (Spitze Leichen?)
   Wind zog zögernd hierhin und dorthin.
   Die lange Birkin
   fror hinter mir und flüsterte mechanisch Klagen;
   schwarze Büsche bettelten aufmerksam
   am Sandweg.

7. Noch später: der Himmel
   lag voller Wolken und mattem Sternenschutt,
   silbernes Gerümpel,
   und zerfetzte Wischlappen;
   Oper und Pfandhaus

8. (Novembernes für
   Dr. Martin Walser, Stuttgart).

AUS DEM LEBEN EINES FAUNS

Haushoch
kam der Windriese
die Schneise herunter galoppt:
seine Glasfüße wühlten kahnige Tritte ins Gras,
oben sein brausendes Haar toste die Kiefernzinnen auseinander,
und er sprang donnernd näher, breitschärpig, aufmichein:
!!! –
(Dann war er aber schon hinter mir,
und ich sah ihn in der ganzen Front seiner Luftgenossen
über die Felder toben; bis Alle
im steifen blauen Waldsaum drüben verschwanden.)
Die Gegend war überhaupt voll der riesigen Glaswesen;
überall regten sie sich :
krochen in rostigem plumpem Laub;
ohrfeigten dickköpfige Eichen mit flachen Händen;
stäubten Trollwalzer hoch;
hantierten mit Unterhölzern; (oben mit weißem Wolkenzeug);
Einer bewarf mich aus Ebereschenblättern
mit alten roten Beeren: war demnach eine Sie,
und ich ersann sekundenschnell
durchsichtige Armmuskeln und Kuppeln, luftiges Kraushaar,
und mehr cellophanene Seligkeiten;
dann spritzte sie eine Zeitlang mit feinem grauem Wasser,
bis ich die Zeltbahn drüber hochzog und
Augenschluß.
(Umringt also von titanischer Nacktheit; Kristalline;
in Deiner athletischen Glashut; haushohe Sylphen –
und ich richtete mich mit einem Schwung auf:
das also sind eigentlich die Sylphen?!: Aha!
: wieder was gelernt.)
(Auf rechts 35.40205, hoch 58.65535 am waldrandliegen;
für Alfred Andersch.)

SEELANDSCHAFT MIT POCAHONTAS

1. Noten auf rotem Grund = Blätter in Telefondrähten.
   Und die Grillen, ausgestorbenen Gesichts, pfiffen ratlos
   Vorgeschriebenes

2. Am Himmel entstand auch eine Heide.
   Ampferte still rot und grau.
   Wolken zogen ferne Waldstreifen. Man rosmarinte.
   Ein Licht krügerte ohne Haus. Äthan hexte; mal Lila.
   (Radfahren in verblühenden Kleidern durch flache Trocken-
   pflanzen).

3. Ihre runde eisige Hand gespensterte mir im Genick;
   vom verschnürten Busen hatte man auch nicht viel;
   öffnete den Mund zu einem Wölkchen kreisförmiger Laute,
   und abwechselnd goldene Zentimeterzähne (wenn
   die Kugelblitze der Motorfahrer unwillig brodelten).

4. Musiker
   führten zuckend messingne Fragezeichen zum Mund
   rüttelten verwildert an tönenden Gittern
   Einer wand sich lustvoll
   in den Schlingen der funkelnden Anakonda
   (und biß der Riesin noch die Schwanzspitze,
   daß sie flußpferdig brunstete. – Höhere Töchter
   mit Pferdeschwanz; Nebelwitwen in Kohlenstoffen;
   Stuhlgestrüppe, Junges männert. Ruppig. Fliegen, auf dem
   Tischtuch,
   laufen, ziellos wie Hühner, impotente Winkel).

5. Wir zeigen uns den papierenen Mond.

6. Nachts schwellen Stimmen vorbei.
   Wuppen Gummirufe. Kichern storchelt. Jauche
   wispert abwesend. Winde müssen suchen.

7. Raus: ein Tisch
   trat mir steifbeinig in den Weg und floh sofort beiseite.
   War nur noch ein tinkelnder Handreim auf Formloses.
   (Mädchen, Weißkehlchen, sitzen auf meinem Ast).
   (Themistokles hat vor Salamis Perser geopfert;
   das Schwein; edle Einfalt stille Größe).

8. Eine schwarze Übelkeit stieß aus der Decke,
   flatterte vorne rum, (auch von der Kante gesehen),
   kam wolkenbreit
   und
   schob schnell ihren Waggon um mich;
   (da drin sah es seltsam nicht aus:
   adrige Geräusche hingen an Wänden;
   Tentakeln; Ohren säuseln Filigrane; Blutdrücke fächeln;
   Klemmungen, ich entweiche nach allen Seiten).

9. (8 Herbstpromille. Für
   Professor Max Bense)

DAS STEINERNE HERZ

Nicht nur
die allerorten, bei jeder Gelegenheit,
begierig wiederholte Dezimierung der Intelligenz
durch Staat & Kirchen (nur e i n e Wolke, aber sie
reicht von Pol zu Pol :
Heißa, wie tanzen die Rüstungsbosse!).
(Wir, zwischen roten Geysern der Pappeln,
eine Körperseite desgleichen entzündet.
30 Abendminuten später: stapfen,
gesenkten Schädels, durch Nebelmassen).

Wehe, die wankenden Reihen des Geistes!:
Brecht stirbt; Benn ist tot; macht ein Kreuz
hinter Riegel. (Und feiner wütender Regen. –
Die Andern, Schafe in grauen Perücken,
sitzen natürlich amtlich behürdet. Oder
in blutigen: vorne ein Spielmannszug;
hinten, rachlustig, die Stümpfe Versehrter.
Oder auch Flüchtlinge).

Im Finstern: Wir
treten auf Alles!
Die stummen Kurven (dritten Grades)
der Regenwürmer. Duldendes Büschelgras:
was ficht's mich an, aus wessen Totenmaul 's sprießt?
Denn Reihen von Elefantenrüsseln
strecken die Bäume dicht über mich: stampft Ihn!:
so recht!
Adenauer regiert!

Die Stunde: impotent außen zahnlos
klatscht unser Regen, widerlich diskret,
‹vom Monteton, Monteton: Ba-ron-demonteton›
(sicher also ein General. Ich kann bei dem Uhrmacher-
laden nicht denken).
Und müßte's doch ! Denn wer heute schweigt,
verdient das große (Dank für die Warnung: vorm
Fenster auftrommeln
rach und nervös 1000 Fingerspitzen). (Oder sind's
Füße? –
– : Tip und toe, der Regentoe; tiptiptip und
toetoetoe –
aber sofort auch dazwischen
plattfüßig und Ohnetrittmarsch; womit
wir wieder beim Thema wären):

Militarismus, Bumm, Klerikalismus,
o ewige Spaltung! Ewig, das heißt:
bis zum nächsten Kriege, den – wer wohl? –
vom Zaun bricht:
Si monumentum
quaeris, oh, circumspice, Boche, Michel und Njemski!
– Auf aller Erde
sind sie vielleicht die Dummen beim Kriege:
E i n e r jedoch bestimmt – und die Regenmaschine
tippt's denunzierend mit –: oh, circumspice
doch, Boche! Und Michel! Und Njemski! –

‹Ruhe wäre
die erste Bürgerpflicht›?: Dann gratulier' ich
Pflichtvergeßner
Euch zur ewigen Ruh! (Höchstens Tip & Toe
treten noch sacht hinter'nander her). (Gemurre
einer baldigen Leiche im Regen. Für Wilhelm Michels).

26

ZUR ENTSTEHUNG DER WERKE

1946	Enthymesis
	Leviathan
1948	Gadir
	Alexander
1950	Brand's Haide
1951	Schwarze Spiegel
1952	Die Umsiedler
1952/53	Aus dem Leben eines Fauns
1953	Seelandschaft mit Pocahontas
1954	Kosmas
1954/55	Das steinerne Herz
1954–56	Stürenburg-Geschichten
1955	Tina
1955–59	Geschichten aus der Inselstraße
1956	Goethe und Einer seiner Bewunderer
1957	Die Gelehrtenrepublik
1959/60	KAFF auch Mare Crisium
1960	Windmühlen
	Der Sonn' entgegen ...
1961	Schwänze
	Kühe in Halbtrauer
	Großer Kain
1962	Kundisches Geschirr
	‹Piporakemes!›
1963	Die Wasserstraße
	Die Abenteuer der Sylvesternacht
	Caliban über Setebos

27

KOSMAS

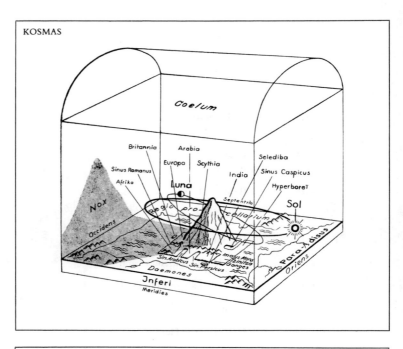

BRAND'S HAIDE

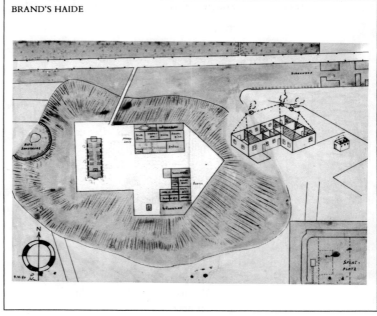

DIE GELEHRTENREPUBLIK

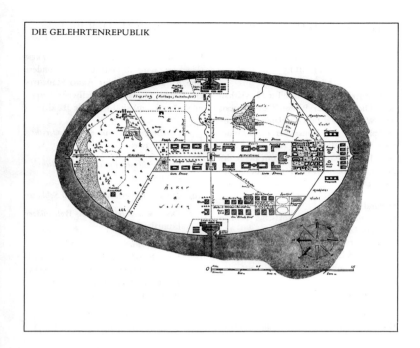

Nachweis der Erstveröffentlichungen

Leseanweisung zu »Leviathan«: unveröffentlicht.
»Berechnungen III«: ‹Neue Rundschau›, Heft 1/1980, S. 6–20.
Erläuternde Notizen zu »Kaff auch Mare Crisium«: unveröffentlicht.
Geplante Vorrede zu »Kaff«: unveröffentlicht.
Leseanweisung zu »Caliban über Setebos«: unveröffentlicht.
Widmungsgedicht »Brand's Haide«: *Brand's Haide*, Hamburg: Rowohlt 1951, S. 6.
Widmungsgedicht »Schwarze Spiegel«: *Brand's Haide*, Hamburg: Rowohlt 1951, S. 154.
Widmungsgedicht »Die Umsiedler«: *die umsiedler*, Frankfurt/Main: Frankfurter Verlagsanstalt 1953 (studio frankfurt 6), S. 5.
Widmungsgedicht »Aus dem Leben eines Fauns«: *Aus dem Leben eines Fauns*, Hamburg: Rowohlt 1953, S. 6.
Widmungsgedicht »Seelandschaft mit Pocahontas«: ‹Texte und Zeichen›, Heft 1/1955, S. 9–10.
Widmungsgedicht »Das steinerne Herz«: *Das steinerne Herz*, Karlsruhe: Stahlberg 1956, S. 5–6.
Zeichnung zu »Kosmas«: *Kosmas*, Krefeld – Baden-Baden: Agis 1955 (Augenblick – Supplementband 1), S. 95.
Zeichnung zu »Brand's Haide«: seitenverkehrt auf dem Schutzumschlag der Erstausgabe, Hamburg: Rowohlt 1951.
Zeichnung zur »Gelehrtenrepublik«: auf dem Vorsatz der Erstausgabe, Karlsruhe: Stahlberg 1957.

EDITIONSPLAN DER WERKE

I. ROMANE, ERZÄHLUNGEN, GEDICHTE, JUVENILIA

1. Band:
Gadir oder Erkenne dich selbst / Leviathan oder Die Beste der Welten / Enthymesis oder W. I. E. H. / Brand's Haide / Schwarze Spiegel / Die Umsiedler / Alexander oder Was ist Wahrheit / Aus dem Leben eines Fauns / Kosmas oder Vom Berge des Nordens / Seelandschaft mit Pocahontas
Herbst 1986

2. Band:
Das steinerne Herz. Historischer Roman aus dem Jahre 1954 (erstmals ungekürzt) / Tina oder über die Unsterblichkeit / Goethe und Einer seiner Bewunderer / Die Gelehrtenrepublik. Kurzroman aus den Roßbreiten
Frühjahr 1986

3. Band:
KAFF auch Mare Crisium / Kühe in Halbtrauer
Frühjahr 1987

4. Band:
Kleinere Erzählungen, Juvenilia, Gedichte
Herbst 1987

II. DIALOGE
von der Historischen Revue *Massenbach* in chronologischer Folge bis zum letzten Nachtprogramm *Der Vogelhändler von Imst* in 3 Bänden
Frühjahr 1988 – Frühjahr 1989

III. ESSAYS UND BIOGRAPHISCHES
darunter der erweiterte biographische Versuch *Fouque und Einige seiner Zeitgenossen*, die Studie über Wesen, Werk & Wirkung KARL MAYS *Sitara und der Weg dorthin* sowie kleinere Essays und Aufsätze in 4 Bänden, Herbst 1989 – Frühjahr 1991

IV. TYPOSKRIPTE
Zettels Traum / Die Schule der Atheisten / Abend mit Goldrand / Julia, oder die Gemälde
nicht vor 1995

EDITIONSPLAN DER BRIEFE

In der äußeren Gestaltung an den WERKEN orientiert, wird ab Herbst 1985 gesondert eine Ausgabe der BRIEFE ARNO SCHMIDTS erscheinen. Geplant (und teilweise bereits in Vorbereitung) sind folgende Bände:

I. *Der Briefwechsel mit Alfred Andersch*
Herbst 1985

II. *Der Briefwechsel mit Wilhelm Michels*
Frühjahr 1986

III. *Der Briefwechsel mit Eberhard Schlotter*

IV. *Der Briefwechsel mit Hans Wollschläger*
Frühjahr 1987

V. *Kleinere Briefwechsel mit Max Bense, Josef Bläschke, Heinrich Böll, Helmut Heißenbüttel, Heinz Jerofsky, Ernst Kreuder, Gotthelf Schlotter, Werner Steinberg u. a.*

VI. *Briefwechsel mit Verlegern*

VII. *Briefwechsel mit Lesern*

VIII. *Familiäre Korrespondenz*

Die Bände I–IV werden je den kompletten Briefwechsel, die Bände V–VIII eine Auswahl enthalten; V und VI werden voraussichtlich in zwei bis drei Unter-Bänden erscheinen.

Die Stiftung bittet alle Besitzer von Briefen Arno Schmidts, sich mit ihr in Verbindung zu setzen.

GESAMTVERZEICHNIS

I. EDITIONEN
DER ARNO SCHMIDT STIFTUNG
IM HAFFMANS VERLAG

Julia, oder die Gemälde
Scenen aus dem Novecento, Erstausgabe des letzten, Fragment gebliebenen Dialogromans.
Wiedergabe des 101 DIN A3 Seiten umfassenden Typoskripts mit einem editorischen Nachwort von Alice Schmidt und Jan Philipp Reemtsma.
112 Seiten, Format 33 × 43 cm, Ganzleinen, eigens gefertigtes, chamoisgetöntes Spezialpapier, Fadenheftung, Leseband, Büttenvorsatz, Schutzschuber,
ISBN 3 251 00010 1, 130. –
Januar 1983; die auf 300 Exemplare limitierte Vorzugsausgabe ist vergriffen.

Dichtergespräche im Elysium
Ein Jugendwerk aus dem Jahre 1940.
Einmalige Ausgabe von 3000 numerierten Exemplaren. Zwei Bände in Kassette: Das Faksimile des handschriftlichen Originals.
216 Seiten. Format 10,2 × 16,4 cm, Halbleinen, Fadenheftung. Dazu die gesetzte Transkription mit einem Nachwort von Jan Philipp Reemtsma.
168 Seiten, Format 10,2 × 16,4 cm, Pappband, Fadenheftung, ISBN 3 251 00030 6
Frühjahr 1984, vergriffen. Der Text – nicht das Faksimile – wird im Band mit *Juvenilia* wieder vorliegen.

Arbeitsexemplar von
FINNEGANS WAKE by James Joyce
Einmalige Ausgabe von 1001 numerierten Exemplaren: Das Faksimile des von Arno Schmidt mit verschiedenen Bunt- und Bleistift-Unterstreichungen, Randglossen und Kleinstübersetzungen versehenen Arbeitsexemplars Finnegans Wake, nach der Faber & Faber-Ausgabe, London 1950, 632 Seiten, Format 14,4 × 22,2 cm, Leinen, Fadenheftung, Leseband, Fünffarben-Faksimile-Druck. Dazu 24 Blätter im Format 49,6 × 25 cm (im Original 59,8 × 30,2 cm) mit den Übersetzungsbeispielen. Nur

zusammen in Kassette 16,5 × 25,8 cm, ISBN 3 251 00024 1, 500. –
Frühjahr 1984, nur noch wenige Exemplare lieferbar
... denn 'wallflower' heißt ‹Goldlack›
Drei Nachtprogramme 1966–1974.
112 Seiten, Format 16,5 × 25,3 cm, Broschur, Fadenheftung,
ISBN 3 251 00025 X, 20. –
Herbst 1984

Deutsches Elend
13 Erklärungen zur Lage der Nationen. Aufsätze zu Politik und Kunst 1956–1963. Herausgegeben von Bernd Rauschenbach.
128 Seiten, Format 9,3 × 15,5 cm, Pappband mit Umschlag und farbigem Kopfschnitt, Fadenheftung, Umschlagzeichnungen von Tatjana Hauptmann.
ISBN 3 251 00026 8, 18. –
Herbst 1984

Briefe an Werner Steinberg
16 Briefe aus den Jahren 1954–1957.
Mit einem einleitenden Aufsatz und einem Nachwort von Werner Steinberg.
40 Seiten, Format 16,5 × 25,3 cm, Broschur, Fadenheftung,
ISBN 3 251 00027 6, 14. –
Januar 1985

II. EDITIONEN
DER ARNO SCHMIDT STIFTUNG

Arno Schmidt Preis 1982
für Hans Wollschläger
Ein Brief von Alice Schmidt und Jan Philipp Reemtsma an Hans Wollschläger, ein einleitender Aufsatz ‹Die Reinen› von Jan Philipp Reemtsma und die Rede zur Verleihung des Arno Schmidt Preises *Die Insel und einige Metaphern für Arno Schmidt* von Hans Wollschläger. Mit Porträtfotos von Arno Schmidt und Hans Wollschläger. 62 Seiten, Format 21 × 23 cm, Leinen, farbiges Umschlagbild von Gisela Andersch, ISBN 3 923460 007,
Frühjahr 1982, vergriffen

31

Arno Schmidt Preis 1984
für Wolfgang Koeppen
Ein Brief von Alice Schmidt an Wolfgang
Koeppen, der *Ansprache über die nicht-*
öffentliche Verleihung des Arno Schmidt
Preises von Jan Philipp Reemtsma, der Re-
de des Preisträgers *Gedanken und Gedenken*
von Wolfgang Koeppen, außerdem *Wahn*,
ein Text aus dem Jahr 1960. Von Arno
Schmidt *Lillis Sonettenkranz*, eine Folge
von fünfzehn, bisher unveröffentlichten
Gedichten, die Arno Schmidt seiner Frau
Alice zum 24.6.1951 gewidmet hat. Mit
Porträtfotos von Wolfgang Koeppen und
Arno Schmidt und zwei farbigen Collagen
von Gisela Andersch, eine davon auf dem
Umschlag. 30 Seiten, Leinen, Format
21 × 23 cm, ISBN 3 923460 01 5, 28.–
Frühjahr 1984

Auslieferung:
Antiquariat Dieter Gätjens
Brahmsalle 28, D-2000 Hamburg 13

III. ARNO SCHMIDT
UND ÜBER ARNO SCHMIDT
IM HAFFMANS VERLAG

Über Arno Schmidt
Gesammelte Rezensionen seiner Werke,
vom Erstling *Leviathan* (1949) bis zum
nachgelassenen Romanfragment *Julia, oder*
die Gemälde (1983). Herausgegeben von
Hans-Michael Bock. Mitarbeit und Redak-
tion von Thomas Schreiber.
352 Seiten, Großformat 16,5 × 25,3 cm,
rund 1,6 Millionen Buchstaben, Bleisatz,
Buchdruck, fester Leineneinband, Leseband,
Umschlagvignette von Tatjana Hauptmann.
ISBN 3 251 00031 4, 60.–
Herbst 1984

Altes und Neues von Arno Schmidt in
Der Rabe – Magazin für jede Art von Literatur
Herausgegeben von Gerd Haffmans und

Thomas Bodmer, erscheint 4× jährlich in
unregelmäßiger Folge und stets nur in ein-
maliger Ausgabe und Auflage, je 226–272
Seiten, Taschenbuchformat 10,8 × 18 cm,
Broschur, Umschlagzeichnungen von
F. K. Waechter und F. W. Bernstein, je 10.–

Zwischenwort zur POE-Frage
Zwei Briefe aus dem Briefwechsel mit
Hans Wollschläger. In: Der Rabe 1, Herbst
1982, vergriffen

Ehrenstein's Iskandar und *Ulysses in Deutsch-*
land
In: Der Rabe 2, Frühjahr 1983, vergriffen

Mary Lady Montagues Erlebnis in dem Serail
In: Der Rabe 3, Sommer 1983

Der Dichter und die Kritik
In: Der Rabe 4, Herbst 1983

Atheist? : Allerdings! und *Antwort auf Fragen*
der ‹Zeit›
In: Der Rabe 5, Januar 1984; darin auch
Erinnerungen an Arno Schmidt von Werner Helwig; das Bildnis eines Großen
Deutschen von Loriot und manche Funde
mehr

Ein Schmutz- und Schund-Autor
Ein Brief an Werner Steinberg.
In: Der Rabe 6, Frühling 1984, vergriffen

Auf dem Rücken erzählt
In: Der Rabe 7, Sommer 1984

Mit tiefsitzendem Amüsement
Aus dem Briefwechsel mit Alfred
Andersch
In: Der Rabe 8, Herbst 1984

Stigma der Mittelmäßigkeit
Über den Nobelpreis.
In: Der Rabe 9, Frühjahr 1985, darin auch
manche Funde, Arno Schmidt betreffend

Ein offener Brief
In: Der Rabe 10, Sommer 1985